Ma bulle

www.facebook.com/poemesvictor

Édition : BoD · Books on Demand, 31 avenue Saint-Rémy,

57600 Forbach, bod@bod.fr

Impression : Libri Plureos GmbH, Friedensallee 273,

22763 Hamburg (Allemagne)

ISBN : 978-2-3225-9498-6

Dépôt légal : Mai 2025

Aride

Un cœur vide

Il ne bat pour rien

C'est la grisaille

Chaque matin

À bout de souffle

L'amour en vain

Il se débat

Dans le chagrin

Il se nourrit

Du lendemain

Dans l'espérance

D'une autre main

Un cœur fragile

Qui n'attend rien

Une fantaisie

Le temps d'une vie.

Au bout

Au bout de la terre Il y a la mer

Au bout de la mer il y a la vie

Au bout de la vie il y a la fin

Au bout de la fin il y a la suite

Au bout de la suite il y a l'avenir

Au bout de l'avenir il y a la peur

Au bout de la peur il y a l'enfer

Au bout de l'enfer il y a la guerre

Au bout de la guerre il y a la paix

Au bout de la paix il y a la joie

Au bout de la joie il y a tes bras

Au bout de tes bras il y a l'amour

Au bout de l'amour il y a tes lèvres

Au bout de tes lèvres il y a nos rêves.

Belle demoiselle

Belle demoiselle

Si belle et si frêle

Je vous vois en beauté

Serait-ce pour m'emporter

Belle demoiselle

Si douce et si tendre

Je vous vois enjouée

Serait-ce pour me détendre

Belle demoiselle

Si agile si ardente

Je vous vois empressée

Serait-ce pour un baiser

Belle demoiselle

Si éprise et aimante

Je vous vois entichée

Serait-ce pour m'aimer.

Bleu

Elle regarde vers la fenêtre

Dans le ciel des traces de craie

Un avion grime le bleu

Des nuées vaporisées

Elle se dit un jour peut-être

Cet avion vêtu de bleu

L'arrachera de sa fenêtre

Un répit de rêvassier

Elle s'invente des conquêtes

À l'assaut de ces mers bleues

Des plages belles comme la fête

Sur des cartes à l'encre bleue

Elle referme sa fenêtre

La nuit efface le bleu

Demain le nez à sa lunette

Elle attendra son oiseau bleu.

Ce mot

Lui dire ce mot

Comme un refrain

Celui qui sonne

Pour être bien

Un petit mot

Très enjôleur

Pour un petit cœur

Très cajoleur

Un mot limpide

Très engageant

Petite formule

Un grand élan

Un verbe tendre

Vie de bohême

Tout simplement

Lui dire je t'aime.

Coquelicot

Tu rougis pour flatter

Dans ta robe légère

Une fripe accrochée

Sur un morceau de terre

Tu reviens chaque année

Une révolutionnaire

Les trous et les pierres

Se transforment en chaumière

Balayée par les vents

Une folâtre élancée

Agile et guillerette

Un ballet allégé

Sur un pied fuselé

Une grâce souveraine

Il est temps d'exhiber

Ce cachet flamboyant.

Crasseux

Un vieux cabot crasseux

De longs poils emmêlés

Un blanc grisonnant

Affamé, éreinté

Je sillonne l'asphalte

Le regard amer

Je traverse les jours

Le long des bords de mer

Il était grand et fort

Une allure guerrière

Mon maître bien-aimé

Est parti à la guerre

Les aubes défilent

Les nuits s'effacent

Devant la porte close

Une carence de piété

La faim, la soif

L'amour, les caresses

Ces rendez-vous manqués

Ils manquent à mon carnet.

Dans l'heure

Écoute-moi

J'ai les mots pour embraser ton cœur

Regarde-moi

Dans mes yeux tu liras mon bonheur

Parle-moi

Je t'écouterai des heures

Écris-moi

Des lettres au parfum de fleur

Éclaire-moi

Un horizon sans pâleurs

Embrase-moi

Je succomberai à tes ardeurs

Persuade-moi

Je gommerai mes erreurs

Poétise-moi

Je devinerai ton ardeur

Emballe-moi

Je te suivrai dans l'heure.

Débonnaire

Sa boutique porte ses rides

Un vieil homme débonnaire

Son étal lui ressemble

Une vie ordinaire

Il écoule ses journées

Dans son antre polychrome

Il récite son histoire

Aux fidèles familiers

Accroché étalé

Un désordre bien rangé

Quelques toiles oubliées

Des faucheuses graciées

Un néon grésillant

Des journaux entassés

Une moustache grise

Une chemise apprêtée

Autour de sa boutique

Le monde se resserre

Il se sent oppressé

Le monde des affaires

Il sait les jours comptés

Pour sa vieille resserre

Ces démons argentés

Il n'en n'a que faire

Sa vie est son bazar

Une échoppe périmée

La photo d'un amour

Derrière le comptoir

Ces murs sont vivants

Ils lui parlent du temps

Celui des jours heureux

Et de celle qui l'attend.

Délices

Un bout de craie

Un crayon gris

Je gribouillerai une folie

Un peu d'amour

Un peu d'envie

Je t'offrirai un bout de vie

Un peu de joie

De frénésie

Je partagerai ton appétit

Un peu de rien

Un peu de tout

Un trousseau pour te plaire

Un peu de toi

Un peu de moi

On goûtera à ces délices.

Demain

La lumière brille dans un reflet

Elle s'éparpille dans la nuée

Dehors la lune se déshabille

Un éclatant soir printanier

Elle s'est assise vers la fenêtre

Derrière la vitre c'est jour de fête

Une débandade bariolée

Des ricanements tonitruants

Le cendrier est encombré

Des heures d'attente et d'impatience

Une vieille odeur de tabac froid

Comme un amour consumé

Elle guette son blanc cabriolet

Une vieille cariole rafistolée

Des kilomètres à roucouler

De longues pannes à s'embrasser

Une vieille chemise au portemanteau

Des traces de lèvres écarlates

Quelques messages enregistrés

Des confessions à faire rougir

La pendule claque les secondes

Les heures s'allongent le cœur brisé

Sur la chemise un doux fumet

Une relique sombre et embaumée

À la radio on peut entendre

Une chanson tendre apprivoisée

Dans les méandres du passé

Un vieil air pour cœur léger

Dans sa tête tout se mélange

Le bien le mal son bel archange

Ce jour de bal débridé

Toutes ces pages ensoleillées

Son café s'est rafraîchi

Le quatrième de la nuit

Le soleil perce lentement

Il emporte ses rêves d'avant

Le robinet pisse quelques gouttes

Dans un silence inhumain

Son cœur enfle dans le doute

Demain, un nouveau jour sans fin.

Emballement

Une brume légère

Une robe blanche

Une ravissante

Une élégante

Une lumière

Une intrigante

Quelques rondeurs

Affriolantes

Une étoile

Etincelante

Un éclat

Éblouissante

Une caresse

Un frôlement

Un cœur avide

Un emballement.

Encore temps

Les mains dans les poches

J'avance à grands pas

Je perds la caboche

Elle m'attend là-bas

Ma voix va trembler

Ma fièvre s'emballer

Mes mots emmêlés

Accrochés à mes lèvres

Par où commencer

Le début d'un rêve

Peut-être un baiser

Ou se regarder

Comment je vais lui dire

Qu'elle est dans mes rêves

Du soleil levé

Au jour qui s'achève

Pourquoi et maintenant

Nos élans se mêlent

Un chemin croisé

Au milieu de la vie

Je lui dirai Mon Cœur

J'ai attendu longtemps

J'attendrai encore

Je prendrai le temps.

Engourdi

J'ai le cœur engourdi

Douce mélancolie

Dehors il fait chaud

Je me suis endormi

J'écrivais une lettre

Une tendre requête

Je lui disais merci

Dans mon rêve fleuri

On marchait dans l'allée

Une cadence allégée

Elle me nommait les fleurs

Une leçon de douceur

On parlait de demain

En se tenant la main

Un unique horizon

De l'amour en chemin

Une maison de pierre

Une jolie clairière

Un soleil printanier

Une lune éveillée

J'ai le cœur engourdi

Je me suis réveillé

Une flânerie galante

Au pays des regrets.

Enracinés

Sur mon mur décoloré

Des photos bien accrochées

Des portraits immobiles

Des bouilles juvéniles

La poussière se mélange

Aux reflets des petits anges

Des mines attendries

Sous ces verres dépolis

Un retour dans le passé

Un journal fripé

Une empreinte colorée

Aux couleurs délavées

Les éclats du soleil

Embellissent les portraits

Des souvenirs vissés

Accrochés à l'entrée.

Feuille blanche

C'est l'écran noir

La feuille blanche

Les mots hésitent

Je me disperse

Une seule phrase

Une seule pensée

Pas une lettre

Pour s'élancer

Un fond de piano

Tiède et léger

Une romance

Et chavirer

Histoire d'amour

Tendres baisers

Ou simplement

Vagabonder

Je me fatigue

Exaspéré

J'aimerais offrir

Un peu d'errance

Derrière ma vitre

La nuit se lasse

Pardonnez-moi

Si je m'efface.

Gloire

Mon jour de gloire

C'est chaque matin

Vos jolis mots

Me le rendent bien

Vous êtes le fil

Du lendemain

Je vous nourris

De mes desseins

J'aime partager

À qui veut bien

L'amour, la vie

Ses lendemains

Dans ma ruche

Un bel essaim

Une assemblée

Insoupçonnée

Je vous devrai

Ma bonne fortune

Mais je ne pourrai

Offrir la lune

Je vous garderai

Dans mon cœur

Vous êtes ma plume

Jusqu'à point d'heure.

Heureux

Heureux les cœurs

Heureux l'amour

Heureux ces jours

Qu'ils durent toujours

Aimons le jour

Aimons la nuit

Aimons la vie

Epanouie

Rêvons à lui

Rêvons à elle

Lune de miel

Qu'ils se révèlent

Vivons un jour

Vivons toujours

Vivons ensemble

La fin du jour.

Hey

Hey, qu'as-tu fait de tout ce temps

Je ne connaissais pas toutes ces rides

Des jours des mois et des printemps

Et toutes ces lettres griffonnées

Hey, qu'est devenu ton grand amour

Son regard bleu ses mots velours

Sa silhouette aux bras d'acier

Toutes ses promesses enveloppées

Hey, qu'est devenu ton ouvrage

La longue histoire d'un naufrage

Ses longues pages tachées de larmes

Une romance à fendre l'âme

Hey, qu'est devenue ta vie d'avant

On se moquait comme des enfants

Les jours étaient toujours trop courts

Nos nuits n'étaient pas assez longues

Hey, que veux-tu faire maintenant

Le jour va tomber doucement

Pas de promesses pas de serments

Juste le temps pour deux amants.

L'humain

On fabrique ce que l'on est

Un moule jamais parfait

On s'invente une vie

Une intrigue périlleuse

On regarde les riches

Une envie improbable

On toise les chiches

La misère s'étale

On aime les siens

Notre colonne vertébrale

On aime les autres

L'amitié viscérale

On dit tout va bien

Un semblant pour demain

On fume et on boit

Un grand n'importe quoi

On n'aime pas les guerres

Un passe-temps de névrosés

De la terre à la lune

Mars ils vont y aller

On imagine demain

Le présent dépassé

On n'écoute pas son père

Une graine d'insurgé

On rêve à demain

Dans les bras de Morphée

De l'amour en festin

Pour toute l'humanité.

Il manque

Il manque ton air et ton parfum

Il manque tes mots, ceux du matin

Il manque le creux d'une petite main

Il manque ton cœur qui me dit viens

Il manque tes lèvres que j'aimais bien

Il manque ce temps qui nous retient

Il manque tes yeux et ton chagrin

Il manque l'amour et son chemin

Il manque nos rêves ces bouts de rien

Il manque mes rires et puis les tiens

Il manque cette flamme qui s'éteint

Il manque hier nos nuits sans fin

Il manque cette vie qu'on voulait bien

Il manque ce ciel pour aller loin.

Insouciance

Le jour se lève

J'ouvre les yeux

Dehors la lune

Fait ses adieux

Les tourtereaux

Sortent du nid

Les amoureux

Ouvrent les yeux

La rue s'éveille

Dans le silence

Les cœurs chavirent

Dans l'imprudence

La volet claque

Le rideau flotte

J'entends les bruits

De l'insouciance

Une chaleur douce

Parfum léger

Une robe tendre

Couleur sucrée

Ses pas légers

Sur le plancher

Une rondeur

Une symphonie

Elle se faufile

Devant l'entrée

La porte grince

Elle est partie.

Imparfait

Je ne lis pas j'écris

Des phrases pour faire joli

La lumière mon amie

Compagnon de mes nuits

J'écris ce qui me fait envie

Je me raconte des histoires

Des photos un miroir

Je retrace une vie

Les bribes d'hier

S'écrivent au passé

Il reste des nuits

Qui ne peuvent s'oublier

J'écris à l'infini

Ma mine est enragée

Du noir ou du bleu

Une passion colorée

Je ris de mes écrits

Je les trouve imparfaits

Je voudrais qu'ils soient lus

Juste un peu c'est parfait

L'amour, les gens, la vie

Ma bouffée d'oxygène

Ils inondent mes pages

Un monde pas très sage.

Interdit

Les jardins interdits

Se piétinent la nuit

Jusqu'au lever du jour

Ils s'inventent une vie

Les heures se dérobent

Dans une frénésie

Une jolie robe

Au pied d'un vaste lit

Les souffles s'emballent

Les corps se lient

Une pure fantaisie

Ecrite en une nuit

Les jardins interdits

On cultive l'amour

Une moisson défendue

Aux langues bien pendues.

Je n'aime pas

Je n'aime pas les gens

Qui disent que le printemps

A perdu ses vertus

Je n'aime pas les gens

Qui toisent les amants

Jusqu'au bout de la rue

Je n'aime pas les gens

Qui poussent des hurlements

Sur leurs femmes fourbues

Je n'aime pas les gens

Qui n'ont que le mépris

Et la langue bien pendue

Je n'aime pas les gens

Qui pensent que le monde

Sera un détritus

Je n'aime pas les gens

Qui sont indifférents

À toutes ces vies déchues

Je n'aime pas les gens

Qui t'appellent mon ami

J'en suis mal revenu

Je n'aime pas les gens

Qui se moquent des rides

De nos ainés fourbus

Je n'aime pas les gens

Qui sirotent l'ennui

Au bar de l'avenue

Je n'aime pas les gens

Qui écorchent les faibles

Avec leurs mots crochus

Je n'aime pas les gens

Qui veulent nous embaumer

De discours ambigus

Je n'aime pas la guerre

Et ces nids de misère

À cause de ces tordus

Je n'aime pas ces gens

Qu'ils aillent se faire voir

Et ne reviennent plus.

Je rêve

Je rêve en marchant

J'écris en rêvant

Je rêve à demain

Je rêve sans fin

Je lis en rêvant

Des rêves de serments

Des rêves d'avant

Des rêves lointains

Je rêve d'une main

Peut-être demain

Un rêve câlin

C'est l'histoire d'un rêve.

Je

Je soupe au lait

Je soupe aux choux

Je soupe le soir

Quand vient le noir

Je bois mon lait

Je bois mon coup

Je bois très tard

Au fond d'un bar

Je ris de vous

Je ris de tout

Je ris tout seul

Dans mon miroir

Je crie sur tout

Je crie j'm'en fout

J'crie la chienlit

Pas mon histoire

J'écris je t'aime

J'écris ma haine

J'écris demain

À l'encre noire

Des poèmes

J'suis pas Verlaine

De simples vers

C'est mon histoire.

Là-haut

Que se passe-t-il là-haut

Le monde est-il plus doux

Le ciel est-il plus bleu

Les roses sont-elles fanées

Les femmes sont-elles choyées

Les larmes sont-elles arides

Les armes sont-elles muettes

Les guerres sont-elles stupides

Les drames sont-ils bannis

La peur s'est-elle noyée

Les rires sont-ils fous

Les peaux sont-elles les mêmes

Les cris sont-ils muselés

La paix n'est-elle qu'un vœu

L'amour est-il requis

Dans un monde parfait

L'ennui est aux aguets.

La nuit

Le vent s'épuise

La lune est grise

Le soleil fond

Dans l'horizon

La nuit s'éveille

Elle ensorcelle

Le jour s'endort

Un peu chiffon

Les étoiles peignent

Le plafond

Le monde veille

Dans la fiction

La nuit s'enlise

Dans le sommeil

Elle ronronne

Déconnexion.

L'aube

La lumière est partie

Le jour s'est endormi

Le sommeil se réveille

Les mirettes en sursis

Le ciel est martelé

La lune est aux aguets

Le soleil s'est planqué

Derrière ce grand fossé

Le calme reste figé

Les oiseaux engourdis

Les pavés se libèrent

De cette foule épaisse

On se retrouve sans bruits

À l'hôtel des envies

L'aube reviendra

Il fermera la nuit.

L'averse

L'averse inonde ton visage

Entre larmes et beau rivage

La fraîcheur d'une enfant sage

Ton maquillage en bariolage

La pluie inonde ton visage

Tes pommettes illuminées

Des reflets très colorés

Une envie de s'y poser

Le flot inonde ton visage

Tes lèvres tendres et bariolées

Quelques gouttes égarées

Une envie de m'échouer.

Le coffre

Sur mes vieilles étagères

Un fatras du passé

Je fouille je dépoussière

Le temps s'est arrêté

Un vieux coffre de bois

Un bibelot usé

Mes secrets d'autrefois

Mes amours déglingués

Je l'ouvre et j'aperçois

Une photo égarée

Un visage angélique

Une relique délavée

Elle sentait la rosée

De ces herbes tendres

Un mélange d'innocence

De baisers feutrés

J'ai refermé mon coffre

Mon trésor confiné

Je l'ouvrirai demain

Une bouffée de printemps.

Le jour (Didine)

Le jour approche

Les nuits s'effacent

Les heures s'épuisent

Les lunes passent

Ma petite fleur

Aux yeux rieurs

Une nouvelle page

L'aube d'une trace

Un désir tendre

De l'élégance

De l'impatience

Vos vies s'enlacent

Des jours des nuits

Après un Oui

C'est la sentence

Vers l'infini.

Le troquet

Il est tard, un dernier verre

Dans ce bistrot une lumière pâle

Un vieux décor de cristal

Au comptoir, les mots s'emballent,

Le patron est en colère

Il déballe sa misère

Rien ne va plus le monde s'égare

Demain il sera trop tard,

Des rasades de petit blanc

Des ballons très gouleyants

Le comptoir toujours humide

Un tremplin pour assoiffés,

Des histoires déficelées

Les vies fusent sur le zinc

Les regrets et les amours

Un fragment de chaque jour,

La patronne, une sainte femme

Elle s'abreuve de jérémiades

Les cernes sculptent son regard

Dehors la lune s'est campée,

Les fidèles ne sont pas pressés

Assis au fond du café

Leur jeunesse s'est diluée

Dans ces gorgées enivrantes,

Les chalands se désaltèrent

Le suprême, les yeux brillants

Les rires fusent joliment

Les baisers, abondamment,

Minuit sonne au vieux clocher

Il est temps de remballer

Les chaises crissent sur le sol

Le balai frôle le vieux parquet,

J'attends toujours mon dernier verre

Un alcool baraqué

Je me noie dans ces lichées

Comment faire pour oublier.

Le vide

Le vide est là,

Il ne se voit pas

Ne s'entend pas

Un bout de rien

Une infortune

Il crie parfois

Son amertume

Morceau de page

De souvenirs

Ces moments sages

Qui font sourire

La vie d'hier

Un vieux miroir

Un courant d'air

Retentissant

Une cavité

Gorgée d'images.

Le vieux Chêne

A l'ombre d'un vieux chêne

Je remonte le temps

Les feuilles se bousculent

Des nuages grisonnants

Une trouée se dessine

Je m'enfonce dans mes rêves

Une quête d'antan

Un feuilleton dispersé

Le bon ou le mauvais

Une bousculade brève

C'est l'amour qui l'emporte

Le mal s'est égaré

Des traces indélébiles

Des ombres s'y faufilent

Ces cœurs que l'on transperce

Ces larmes qui se déversent

Ce passé immobile

Ma chronique d'une vie

Demain une autre brève

Dans ma biographie

Le jour est à la peine

Un azur vieillissant

Je délaisse mon Chêne

L'avenir m'attend.

Les passants

J'ai sorti ma guitare

Sur le bord du trottoir

J'ai chanté l'amour

Jusqu'à la fin du jour

J'ai fait rire les passants

Avec mes drôles d'histoires

De l'amour de l'humour

Un mélange de zonard

Ils ont pouffé de rire

Assis sur le trottoir

Puis sont venues les larmes

Des amours au placard

Les cordes à la main

J'ai défendu ma gloire

Pour un morceau de pain

Je grignote le trottoir

Je connais tous ces gens

À force de les voir

Ils ne sont pas parlants

Juste écouter et voir

Ils sont ma dignité, ma force

Mes bouts de gloire

Demain je chanterai

Des lueurs d'espoir.

Les Vieux

Le caprice des Vieux,

C'est un peu d'herbe verte

De jolis ciels bleus

Derrière la fenêtre

Un soleil radieux

Une main rassurante

Une longue vie à deux

Des enfants qui naissent

Et rallumer le feu

Des journées de liesse

Dans un parfum heureux

Les tendres confesses

De nos divins aïeux

L'amour qui s'égraine

Vers un destin envieux

Les jours qui s'enchaînent

Un cadran paresseux

Le caprice des Vieux,

L'histoire en fond d'écran

Des souvenirs qui trainent

La vie en éventail

Un amour qui trainaille

Au fin fond des entrailles.

Ma bulle

Dans une bulle de savon

J'ai retrouvé mon enfance

Des souvenirs qui sentaient bon

Les mots tendres de Maman

Sur les bords de la maison

Je jouais dans l'insouciance

Les cheveux ébouriffés

Les guenilles débraillées

Je cuisais sous le soleil

Je courrais sous les nuages

Des papillons dans ma nacelle

Des escargots sous l'orage

Dans la soupe les navets

Le supplice du potage

Des délices trop sucrés

Des carries en héritage

Dans ma chambre papier couleur

Sur les murs d'étranges fleurs

Des vieux meubles dépouillés

Sur un parquet trop ciré

La télé dans un coin sombre

On entendait le bruit des pages

Quelques livres sur l'étagère

De vieilles œuvres immortelles

La pudeur se devinait

Sur leurs visages fatigués

Le travail et la santé

Un ménage compliqué

Le père criait trop fort

Je l'écoutais, terrorisé

Maman riait de mes âneries

Une bouffée d'hilarité

Dans ma bulle de savon

Un vieux monde décoloré

Je ne cours plus sous les nuages

L'écran a tout pillé.

Ma prière

On est bien dans notre coin
Notre bout quotidien
Donnez-nous chaque jour
Quelques miettes d'amour
Je prierai tous les saints
Les apôtres et les sages
Je voudrais pour les miens
Les plus beaux des messages
Je voudrais pour le monde
De plus belles images.

Mamie Germaine

Un sourire et partir

C'est la vie qui se tire

Ta lumière s'est éteinte

Dans un dernier soupir

Un sourire et offrir

Un dernier lien d'amour

Un rappel des beaux jours

Tes verbes et tes rires

Un sourire sans souffrir

La douceur d'un beau jour

Le soleil s'est éteint

On te laisse dormir.

Merci

Quand je serai vieux

De la poussière au fond des yeux

Le soleil sera précieux

Le présent sera sacré

Je lirai tous ces mots bleus

Même ceux qui font pleurer

Le visage raviné

Mes ivresses du passé

Quand je serai vieux

Les printemps je vais les compter

Les jours sans et les jours gais

Et ce temps qui me déboulonne

Je me dirai merci la vie

Je le dirai à mes amis

À tous ceux que j'ai aimé

À tous ceux que j'ai pardonné.

Mes amis

Comment dire, ordinaires

Ou plutôt extraordinaires

Ils se fondent dans ma vie

Une fronde à l'ennui

Ils sont là, ils sont loin

Une peau pour l'orage

Une griffe pour la brouille

Un sourire qui m'embrouille

Je les compte, je les trie

Ils partagent mon ouvrage

Une vie ordinaire

Leur présence, une faveur

Leur absence, une douleur

On se parle, on s'écrit

On partage notre sort

Dehors s'il fait gris

Dans nos cœurs l'éclaircie

Aussi loin qu'ils soient

Je n'ai peur de rien

Une épaule positive

Un bras pour lutter.

Mes mots

Un fond de musique

Une flamme qui brille

Je cherche mes mots,

Mes doigts se figent

Les yeux plissés

J'attends l'écho,

Je suis impatient

Un vrai gourmand

Je n'ai plus le temps,

L'amour s'écrit

Il se répand

En un instant,

Un cœur qui bat

Une main tendue

Au fond d'une rue,

Il est fragile

Il se débine

Un foudroyant,

Un bout de vie

Un long chemin

Un contretemps,

Un mot de trop

Un mot en moins

Il fout le camp,

Il est très tard

Je n'ai plus le temps

Mes yeux frétillent,

Demain au soir

Je lui offrirai

Ces mots aimants.

Mon arbre

À l'ombre de mon arbre

Le temps s'est arrêté,

Un vieux solitaire

Un âge poussiéreux,

Un livre du passé

Un vieillot écorché,

Des messages d'amour

Burinés enlacés,

Adossé à son âme

Je cherche la quiétude,

Je relate mes histoires

Mes rires et mes pleurs,

Mes incertitudes

Mes jours en couleur,

Ce cœur écorché

Disparu envolé,

Le soleil tamisé

Rayonne en douceur,

Une lumière voilée

Une miette de fraicheur,

Je sors un vieux carnet

Un fétiche crayonné,

Des lignes entassées

Une histoire de cœur,

À l'ombre de mon arbre

Les jours sont printaniers,

Il manque juste un cœur

Du rouge pour aimer.

Mon bureau

Mon bureau de bois mort

Mes secrets il dévore

Je lui offre chaque nuit

Les dédales de ma vie

Un fatras ordonné

Un tas de vieux papiers

Une odeur périmée

Quelques livres un peu gris

Un vernis reluisant

Un marron vieillissant

Il craque à chaque instant

Sous ma plume flapie

Mon bureau mon repère

Le complice de mes vers

Je resterai fidèle

Jusqu'à ton dernier ver.

On aime

La nuit se lève

Le jour s'endort

La nuit on rêve

Le jour on dort

La nuit on pleure

Le jour on crie

La nuit on crève

Le jour on prie

La nuit on part

Le jour on pleure

La nuit on joue

Le jour on perd

La nuit on traîne

Le jour on peine

La nuit on sème

Le jour on aime.

Parfum de rose

Au fond de ma rue la vie s'étale

Une vieille maison parfum de rose

Une dame usée traîne son âge

Un lourd fardeau de vieux bagages

Elle aime le bleu et son soleil

Derrière sa vitre elle se rappelle

Ces jours lointains et ces couleurs

Ces bambins drôles et rieurs

Ses souvenirs sont comme les fleurs

Ils se dessèchent au fil du temps

Une bougie à chaque printemps

Le souffle court la flamme se meurt

Elle voit le monde et ses colères

Derrière son vieil écran de verre

Dehors le bruit et les odeurs

Elle n'ose plus demander l'heure

Chaque jour est une aubaine

Une nouvelle page qui s'enchaîne

Un bout de vie qui se débine

Une longue histoire qui se dessine

Un vieux matou cherche l'aumône

Une manigance mouvementée

Sur le parvis de sa porte

Une douce ruse bien ficelée

Elle sourit à son existence

Elle a pleuré pour ses défunts

Elle a connu l'insuffisance

Son bonheur un bout de rien

Le labeur a rodé ses mains

Sur son visage de vieux sillons

Elle ne sait pas pour demain

Une autre vie elle n'en sait rien.

Ma Poésie

Je l'aime sans bruit

J'aime ses roses

Elle rime la nuit

Elle sent la prose

Quelques épines

S'y déposent

Vient le désir

Et ses caresses

La Poésie

Une confesse

Chaque mesure

Une richesse.

Rencontre

La brume s'est posée

Une épaisse toison

Il marche le pas léger

Il ne voit pas l'horizon

La lune s'est voilée

Le soleil se replie

Elle marche d'un pas léger

Sans nouvel horizon

Ils avancent harassés

Un jour sans opinion

Un rythme cadencé

Empressés sans raison

Leurs étoiles parsemées

Ont tracé l'horizon

L'amour va exulter

Au détour d'un fronton.

Résolutions

Si on chantait

Un air de rien

Une fantaisie

Une coquetterie

Si on riait

Comme des gamins

Des gouailleries

Une éclaircie

Si on parlait

À ses voisins

Une nouvelle vie

Une embellie

Si on criait

Pour être bien

Ces jours brunis

À reblanchir

Si on disait

Vivement demain

De belles lueurs

Adieu chagrin

Si on sentait

Toutes les fleurs

Une soûlerie

De bon matin

Si on rêvait

Sans voir les heures

Cette astérie

Nous appartient

Si on s'offrait

Du bonheur

Une gâterie

Que j'entretiens.

Rien

Je voulais ses yeux

Je n'ai eu que ses larmes

Je voulais sa bouche

Je n'ai eu que ses cris

Je voulais sa peau

Je n'ai vu que son dos

Je voulais sa vie

Il me reste l'ennui

Je voulais sa main

Il ne reste rien.

Seul

J'aime être seul

Pas trop longtemps

Le temps piétine

Il m'attend

Je me recueille

Un abandon

Juste le temps

D'une chanson

Je dévisage

Les nuages

Des rondeurs

En perdition

Le soleil

Frôle l'horizon

Je le courtise

De mon balcon

Dans ma bulle

Rien ne transpire

Ce petit coin

Est mon empire

Voilà le temps

Du roupillon

Jamais seul

Dans mes divagations.

Son nom

Il a écrit son nom

Au coin d'une rue

Un billet déclaré

Une trace adulée

En lettres capitales

Une couleur écrue

Un cœur messager

Une flèche d'archer

Il lit chaque jour

Celle qu'il ne voit plus

Un mur délavé

Aux larmes écaillées

À pied ou en voiture

Il ne sourit plus

Un rappel du passé

Devant ce libellé

Il épie cette allée

Elle n'est pas revenue

Demain sera plus gai

L'espoir est aux aguets.

Souvenirs

Une rose s'est fanée

Un vieux vase délaissé

Elle s'est laissé mourir

Plutôt que s'enlaidir

Son parfum délivré

Ses couleurs à rougir

Son message pour Aimer

Ne sont que souvenirs.

Le tableau noir

Une craie s'est perdue

Au milieu de ce noir

Une traine blanchâtre

La morale est un art

Elle fixe ces mots

Ceux qui rendent l'espoir

Elle siffle les belles lettres

Elle crisse le désespoir

Une craie se balade

Dans les mains des moutards

Ils dessinent des ronds

Des courbes élancées

Ils écriront plus tard

Les plus belles histoires

La morale est un art

Il faut l'apprivoiser.

Un amour flétri

Il était si fort qu'il en rêve encore

Une douce percée dans un ciel gris

Il sentait l'envie le désir aussi

Il aimait son sourire et ses coquelicots

Il disait demain on sera plus fort

Accrochés à nos tailles pour livrer bataille

Nos rides et nos corps un duo en accord

Nos peurs et nos joies s'emmêleraient enfin

On serait devenu riche de sensualité

On serait devenu chiche de monotonie

On s'inventerait un monde loin cette laideur

On aurait la fortune celle de s'aimer

Il était si fort qu'il en rêve encore

Un amour bourgeonnant au début d'un printemps

Un écart emporté dans une frénésie

Un orage est passé, il a tout emporté.

Un petit bout

Un petit bout d'histoire

Planqué dans la mémoire

Des jours pour l'infini

Un détour en sommeil

Un petit bout de vie

Dans un grain de folie

Le soleil me réveille

Je ne crains plus la nuit

Un petit bout de rien

Il deviendra merveille

L'amour se faufile

Dans toutes nos ruelles

Un petit bout de rêve

Dans mes nuits d'insomnie

J'écrirai chaque nuit

Une page pour elle.

Un peu

Un peu de rien

Ce n'est pas grand-chose

C'est juste un peu

Pour être mieux

Un peu de gloire

Ce n'est pas grand-chose

C'est juste une tranche

Dans une histoire

Un peu d'amis

Ce n'est pas grand-chose

C'est juste un lien

Pour une vie

Un peu d'amour

Ce n'est pas grand-chose

C'est juste un peu

Pour être heureux

Un peu de toi

C'est autre chose

C'est ton absence

Qui me démolit.

Un vœu

Regardons les étoiles

Avant qu'elles ne se voilent

Faisons un vœu,

Attachons tous nos rêves

Avec un joli nœud

Les bienheureux,

Inventons un avenir

Pour de vieux souvenirs

Les amoureux,

Écrivons une histoire

En évitant le noir

Les ambitieux,

Moquons-nous de l'âge

Sortons de cette cage

Les audacieux.

Victor

Victor c'est moi, sans artifice

La modestie est mon complice

J'aime écouter, pas très bavard

J'entends les rires, j'entends les pleurs

J'aime les sourires, j'aime les couleurs

Un gratte papier parfois glacé

Une simple rose pour épater

Une petite mine sur le papier

Un bout de rime, les cœurs s'animent

J'aime les fleurs couleur rubis

J'aime les yeux couleur de nuit

Les licornes sont mes amies

Mes amis sont dans ma vie

J'aime le ciel quand il s'éteint

Une dentelle incandescente

Le jour naissant est un festin

Une offrande chaque matin

Les oiseaux sifflent au petit jour

Une kermesse polyphonique

J'aime la vie et ses détours

J'aime l'amour à contre-jour.

Votre lettre

J'ai bien reçu votre lettre

C'était comme un jour de fête

Vous m'avez dit un jour peut-être,

Une prose alléchante

Aphrodite envoie un signe

Cupidon est impatient,

Une lecture apaisante

Un souffle de bien-être

Un flux très alléchant,

Un feuillet embaumé

Une écriture embrasée

Un amour renaissant,

J'ai bien reçu votre lettre

J'attendrai à la fenêtre

Le temps nous est compté.

www.facebook.com/poemesvictor